元禄花見踊

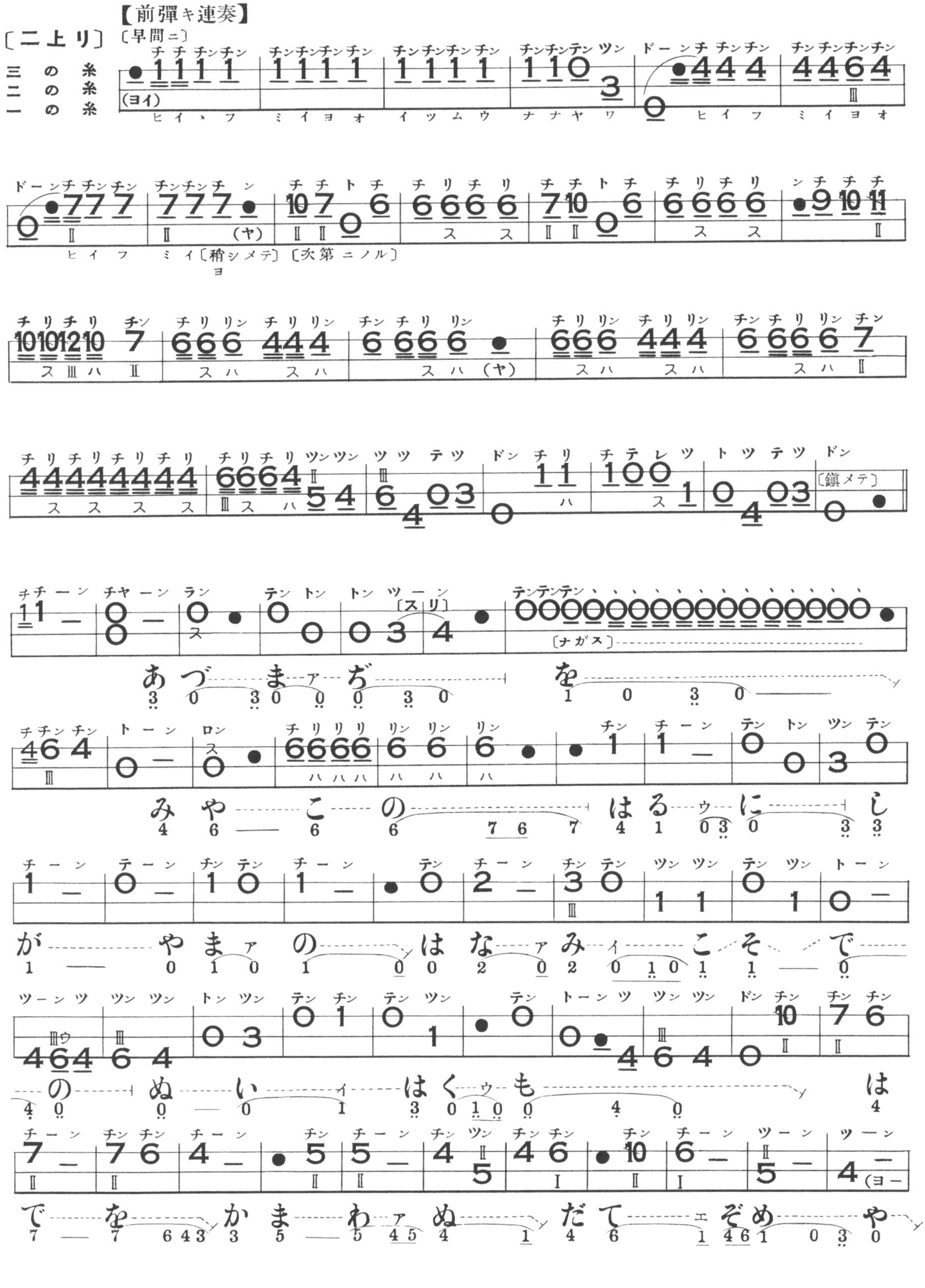

【前弾キ連奏】
〔二上リ〕
〔早間ニ〕
三の糸
二の糸
一の糸
〔稍シメテ〕
〔次第ニノル〕
〔鎮メテ〕
〔スリ〕
〔ナガス〕
あづまぢを
みやこのはるにし
がやまのはなみこそ
でのぬいはくも
はでをかまわぬだてぞめや

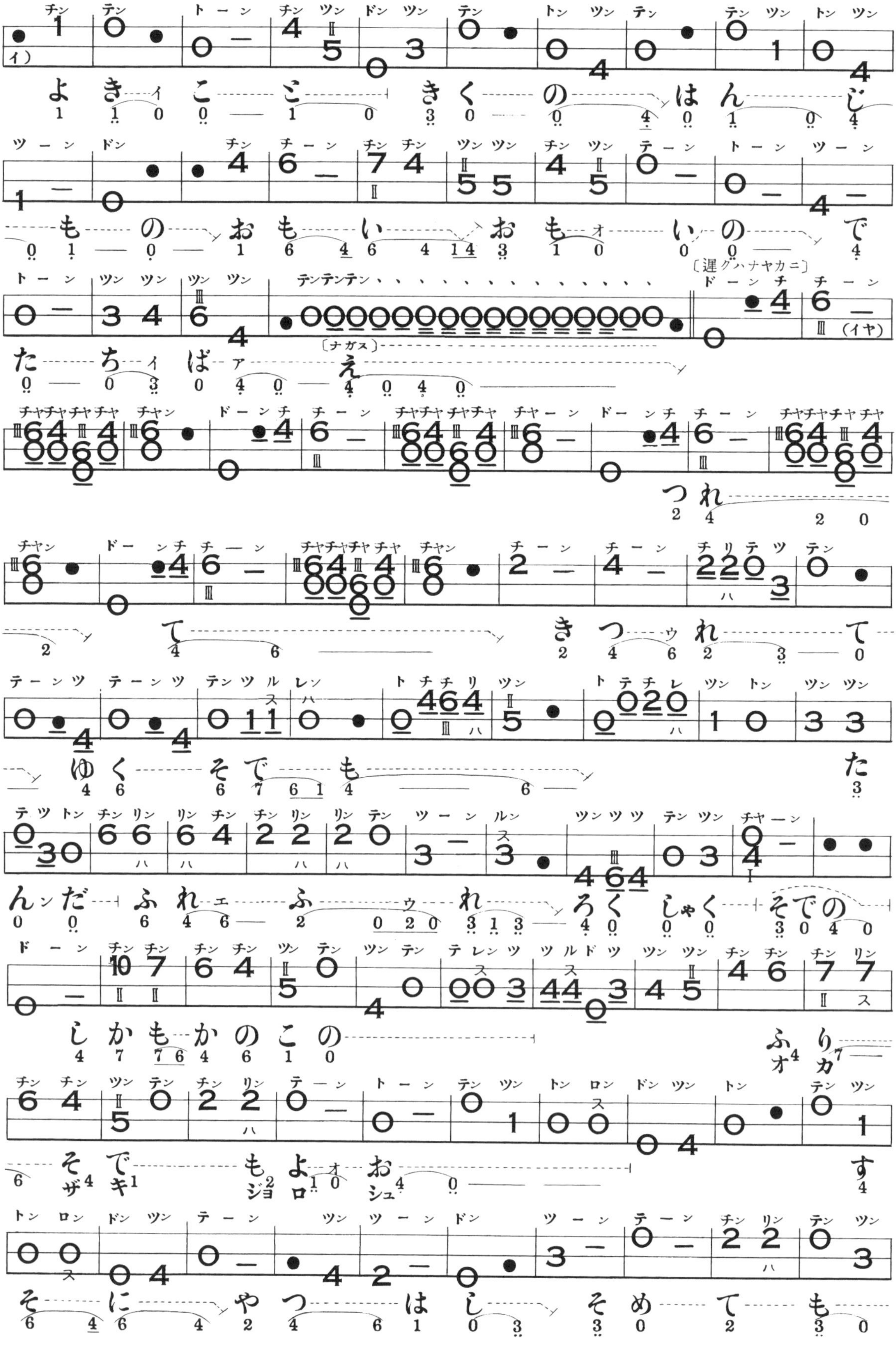
よきィここきくのはんじ
ものおもいおもォいので
〔遅グハナヤカニ〕
たちィばァえ
〔ナガス〕
つれ
てきつゥれて
ゆくそでもた
んンだふれェふゥれろくしゃくそでの
しかもかのこのふりオカ
そザでキもジョよロォおシュす
そにやつはしそめても

みたアが　やんれほんぼにそおかい　な
そさま　むら　さき　いろ　もこ
い　やんれそんれわそおじゃいイ　なア
て　さ　き　そろオ
えて　ざざ　ん　ざ　の　おこ　わア　は
ま　まつ　よおん　やア　さア
〔稍鎮メテ〕　〔サラリト〕
はなこつきこオオオ　わ　これがみやこの
ながめやア　ら　かつ　ぎ　まぶ
かアにア　きたア　さがア　おむ　ろ　に

じょおごおりのむか
でェやがしんンき　こらア
したしん　ンくゥのひもを
そでえこおして
つなげエやアアアさくゥら
ひんだ　かのオこオ
のこそでまく
めにイ
もあやあアる　こ
そオでエのぬしイのかお

を オ みた アア な アア ら
な お よ か ァ ろ や ん れ そ ん
れ わ ァ ア ア ア ア え
はなみするこて
くまがい がさ よ
のむも くまがい
むさしので ござァれ
つきにうさぎわ わ だ さ
かァ もり イ イ イ イ イ の

く
ろいさかづき　やみでもうれエし
こしにひょおたん
けぎんちゃく　よ
おオておごオるウが
よおい　よおい　よんやア
アアアさ
〔スリ〕
〔鎮メテ〕
〔参考〕
（コノ手ヲ入レル派アリ）

〔参考〕
〔弾カヌ事アリ〕
〔三拍子〕
〔コノ間ガ半間ナレバ一二三ト拍子ヲトルベシ〕

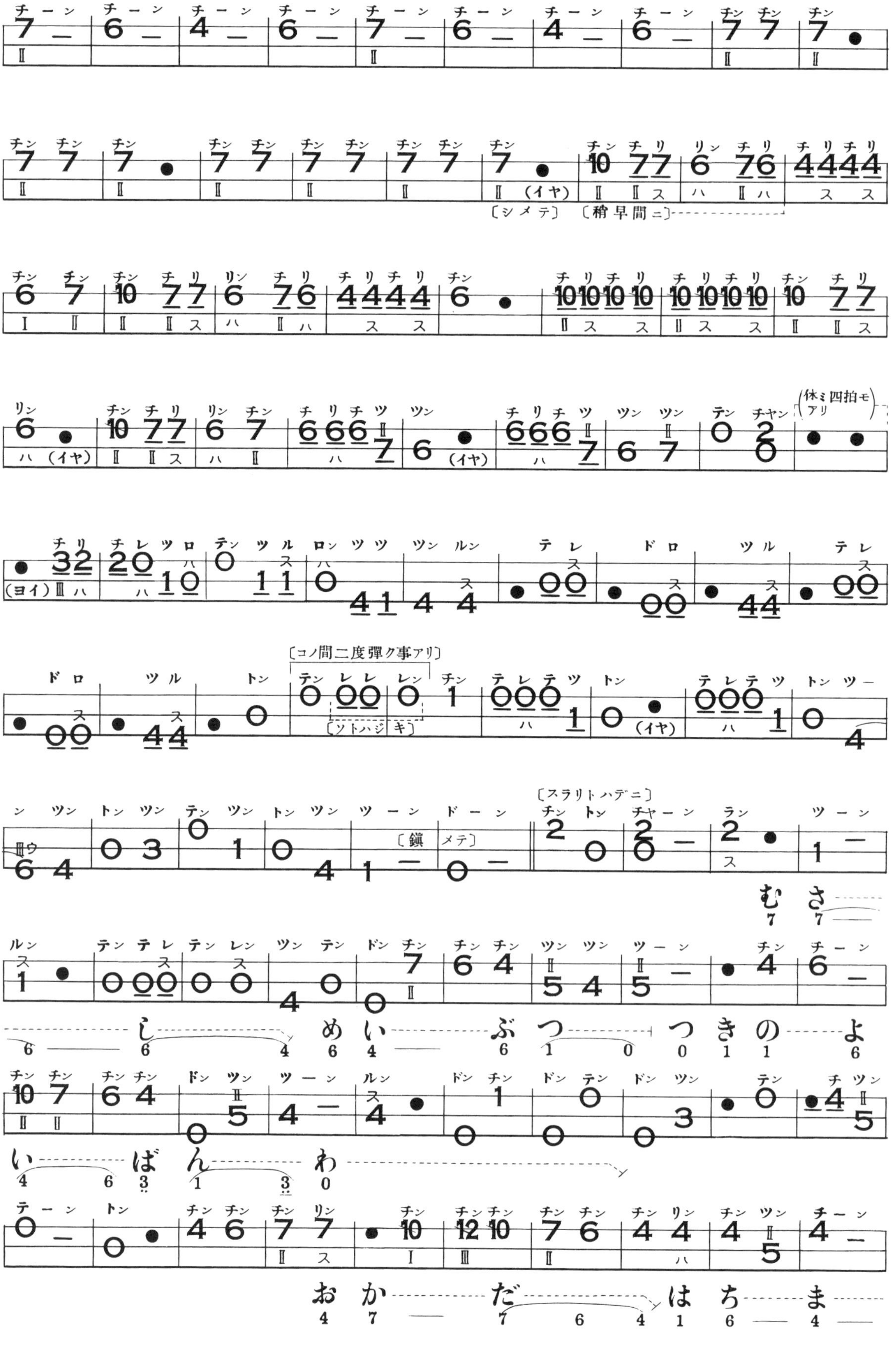
〔シメテ〕
〔稍早間ニ〕
（休ミ四拍モアリ）
〔コノ間二度弾ク事アリ〕
〔ソトハジキ〕
〔鎖メテ〕
〔スラリトハデニ〕
むさ
しめいぶつきのよ
いばんわ
おかだはちま

きこ おもォり ばおォり
むぞりかくつば かくゥなァい
つれて ごごォわ
〔弾カヌコトアリ〕
てぼォそォに ふせェあみィが
さで おごォれ おごォれェや
〔弾カヌコトアリ〕
ぬのォつくきねェ
もこまァちおごォりィの
だてごおォぐ

よい よいよいよいよい
よんや アア アア さア アア
〔オトシ〕
〔早ク〕
〔ノビル〕
おもオしろや
〔早メノ拍子ニ〕
ヒイ イフ ミイ ヨオ
〔無キ派アリ〕
いりくる いりくるウ さくらごオ
き
えい こおこおえい ひこのやま
いやが うえのの はな ざかり
みな きよ みづの しんぶたい
【早渡り(追廻し)合方】
(イヤ)

にぎイわしかりけ
るしだいなり

三味線文化譜 長唄

四世 杵家彌七 原著／邦楽社編集部改訂

（赤表紙 B5判 一曲本）

- 三三〇一 雛鶴三番叟
- 三三〇二 末広狩／松の緑
- 三三〇三 五郎時致
- 三三〇四 長唄手ほどき集（宵は待ち＝明の鐘、五大力、黒髪、高尾＝もみぢ葉、ことぶき）
- 三三〇五 鶴亀
- 三三〇六 老松
- 三三〇七 小鍛冶
- 三三〇八 越後獅子
- 三三〇九 岸の柳
- 三三一〇 鞍馬山
- 三三一一 都鳥
- 三三一二 初子の日／蓬莱
- 三三一三 外記猿
- 三三一四 （元禄）花見踊
- 三三一五 吾妻八景
- 三三一六 秋の色種
- 三三一七 新曲浦島
- 三三一八 勧進帳
- 三三一九 筑摩川
- 三三二〇 菖蒲浴衣
- 三三二一 楠公
- 三三二二 多摩川
- 三三二三 連獅子（正治郎）
- 三三二四 賤機帯
- 三三二五 時雨西行
- 三三二六 吉原雀
- 三三二七 綱館之段
- 三三二八 四季山姥
- 三三二九 今様望月
- 三三三一 操三番叟
- 三三三二 鏡獅子（下。胡蝶）
- 三三三三 （京鹿子）娘道成寺
- 三三三四 供奴
- 三三三五 晒女（近江のお兼）
- 三三三六 安宅の松
- 三三三七 連獅子（勝三郎）
- 三三三八 五條橋
- 三三三九 助六
- 三三四〇 若菜摘
- 三三四一 三曲糸の調
- 三三四二 高砂丹前
- 三三四三 娘七種
- 三三四四 喜三の庭
- 三三四五 靭猿
- 三三四六 浦島
- 三三四七 藤娘
- 三三四八 八犬伝（下）
- 三三四九 汐汲
- 三三五〇 石橋
- 三三五一 浅妻船
- 三三五二 鷺娘
- 三三五三 橋弁慶
- 三三五四 俄獅子
- 三三五五 梅の栄
- 三三五六 花の友
- 三三五七 手習子
- 三三五八 島の千歳
- 三三六〇 春秋
- 三三六一 巽八景
- 三三六二 宝船／猿舞
- 三三六三 羽根の禿／勢い
- 三三六四 七福神／鞘当（対の編笠）
- 三三六八 八島落官女
- 三三六五 【杵屋榮二著】長唄舞踊小曲集（菊づくし、関の小万、鎗奴、歌舞伎踊）

三味線基礎教本

三三〇〇 六世杵家弥七 竹内明彦 著

三味線文化譜 長唄名曲選集【合本】

吉住小三郎 閲
稀音家浄観 閲
邦楽社編集部 編

第十二編（三四二）〔研精会新曲集 上〕
有喜大尽・お七吉三・寒山拾得・紀文大尽

第十三編（三四三）〔研精会新曲集 下〕
神田祭・新曲胡蝶・鳥羽の恋塚・熊野

四世 杵家彌七 原著
邦楽社編集部 改訂

第十四編（三四四）
蜘蛛拍子舞・月の巻・鳥羽絵・二人椀久・松の翁

第十五編（三四五）
犬神・喜撰・四季の詠・四季の花里・英執着獅子

第十六編（三四六）
伊勢音頭・鏡獅子（上。小姓）・五色の糸・五月雨・正札附・昔噺たぬき

第十七編（三四七）
大原女・傀儡師・桜狩・船弁慶・横笛（正治郎）

第十八編（三四八）
角兵衛・忍び車・常磐の庭・初時雨・春雨傘・二つ巴

第十九編（三四九）
紀州道成寺・廓丹前・賤の苧環・土蜘（上。切禿）・船揃

第二十編（三五〇）
寒行雪姿見＝まかしょ・漁樵問答・傾城・那須野・軒端の松・瓢箪鯰

第二十一編（三五一）
翁三番叟・新石橋・西王母・二人袴・範頼道行・浜松風・春の色・六の花

第二十二編（三五二）
角兵衛獅子・狂乱雲井袖・七段目おかる・僧正遍照・業平・紅葉狩・羅生門

第二十三編（三五三）
安達ケ原・景清・春日竜神・節小袖・春の調・一人椀久

第二十四編（三五四）
角田川・木賊刈・俄鹿島踊・軒すだれ・八犬伝（上）・（対面花）春駒・紅葉詣

第二十五編（三五五）
安宅丸・出雲のお国・惜しむ春・可祝の柳・三社祭・新君が代・千代の寿・不動

第二十六編（三五六）
邯鄲・相模蜑・調の松風・新松竹梅・舞扇・桃太郎・吉野天人

第二十七編（三五七）
今様小鍛冶・おしゅん・お通半七・狂獅子・俊寛・土蜘蛛（中）・秀郷

第二十八編（三五八）
田舎神子・織殿・千手の前・臥猫・都の錦・百夜車・日本武尊・酔猩々

三味線文化譜 長唄上調子（紺表紙）

四世 杵家彌七 著

- 三五〇一 松の緑／五郎時致
- 三五〇二 吾妻八景
- 三五〇三 鶴亀
- 三五〇四 勧進帳
- 三五〇五 吉原雀
- 三五〇六 賤機帯
- 三五〇七 秋の色種
- 三五〇八 時雨西行
- 三五〇九 助六
- 三五一〇 {越後獅子（替手）／娘道成寺（替手）}
- 三五一二 靭猿
- 三五一三 鞍馬山
- 三五一四 若菜摘／猿舞
- 三五一五 安宅の松

長唄替手合方秘曲集

四世 杵家彌七 著

- 三五一六 替手合方秘曲集（一）砧の合方（吾妻八景・越後獅子）／箏の秘曲（秋の色種合方）／船揃替手／娘道成寺・山づくし替手
- 三五一七 替手合方秘曲集（二）可祝の柳替手／松風の合方と替手（老松）／吉原雀の合方と替手
- 三五一八 替手合方秘曲集（三）浅妻船替手／四季の詠替手／多摩川替手／佃の合方（岸の柳・菖蒲浴衣）
- 三五一九 替手合方秘曲集（四）梅の栄替手／蜘蛛拍子舞合方／勧進帳の延年の舞と滝流し合方

合奏曲

六世 杵家弥七 監修
竹内明彦 編曲

- 三五二〇 （元禄）花見踊（三部合奏用替手）
- 三五二一 越後獅子（三部合奏用替手）
- 三五二二 編曲 鶴亀（四部合奏）
- 三五二三 編曲 小鍛冶（四部合奏）

三味線文化譜 長唄

四世 杵家彌七 原著
六世 杵家弥七 増補改訂

（A4判 一曲本）

- 三四〇一 雛鶴三番叟
- 三四〇二 末広狩／松の緑
- 三四〇三 五郎時致
- 三四〇五 鶴亀
- 三四〇七 小鍛冶
- 三四〇八 越後獅子
- 三四〇九 岸の柳
- 三四一四 （元禄）花見踊

＊B5判「三味線文化譜長唄」の改訂版。
＊判型をA4判に拡大。
＊行頭に小節番号を付記。
＊囃子の開始場所を付記。
＊歌詞の譜を割愛。

この文化譜の形式は四世杵家彌七師の創案されたものである。